사랑 안에 사랑이 있다

사랑 안에 사랑이 있다

김 유 선 시집

시진시

■ 시인의 말

시는 인간과 신과의 랜선이다

'선악과'란 무엇일까?

성경이 나온 이래로 인류는 '선악과'라는 말을 입에 달고 살았지만, 아직도 선악과가 무엇인지 뚜렷하게 아는 사람이 없다는 것은 충격적인 사실이다. 인류는 신의 언어를 인식하는 데 분명한 한계를 지닌 존재들이다. 어떻게 하면 신의 언어를 인식할 수 있을까.

인간들이 먹었을 때 죽을 수밖에 없는 것이 무엇일까? 사과를 먹는다고 죽을까. 인간이 죽는다는 것은 인간이 아니고 짐승이 된다는 뜻일 것이다. 짐승이 뭘 먹는지 확인해 보면 답은 너무나 명확하다. 오로지 먹기 위해, 서열을 위해 피 터지게 싸우며 사는 존재들이다. 그것을 인간한테 대입시켜 보면 그것은 바로 돈과 권력이다.

선악과를 따먹는다는 것은 알곡에서 가라지가 된다는 뜻이다. 가라지는 반듯이 죽는다고 하였다. 그런데도 세상 사람들은 그 선악과, 돈과 권력을 서로 따먹으려고 혈안이 되어있다.

선악과 따먹는 사람들이 사랑이 무엇인지 알 수 있을까. 사랑할 수 있을까. 사이비종교를 믿듯이 가짜 사랑, 거짓 사랑, 위선적인 사랑은 얼마든지 할 수 있겠지만, 진정한 사랑은 결코 할 수 없다.

시를 알아야 신의 언어를 알 수 있고 신의 언어를 알아야 신과 연결할 수 있다. 신을 알아야 자기도 알 수 있고, 자기를 알아야 사랑도 알 수 있고, 사랑을 할 수도 있다.

사랑이란 신을 모르고서는 절대로 할 수 없다. 유성룡도 이순신도 권율도 그러하였듯이 우리의 모든 것은 신 안에 거하기 때문이다.

2025년 한여름에
김 유 선

■ 차례

시인의 말_시는 인간과 신과의 랜선이다

1
유물　13
원두막　14
아지랑이　16
메이드 인 천국　18
그대는 수평선에서 산다　20
흥국사 느티나무　22
석모도 갈매기　24
가을에　26
추일서정　27
알밤　28
하루　29
강화도에 유폐된 까닭은　30
높새 따라 하늬 따라　31
인간 운전기사　32

2 서정 시인　35
　　형체　36
　　그 집　37
　　아기꽃과 봄눈　38
　　하늘말나리꽃　40
　　수박씨　41
　　침대 위로 날아든 심야버스　42
　　전도사　44
　　목련전　46
　　정물화 – 술집에서　48
　　웃음소리　50
　　임금 놀이　52
　　아침 독작 – 이백의「월하독작」에 부쳐　54
　　가을비와 그리움에 대한 방정식　56

3 봄의 실루엣   59
　　산골 오후   60
　　산골 잔칫날   61
　　새·집·꽃   62
　　감나무골   64
　　가을 속으로   66
　　환절기   68
　　흔적   70
　　샛길   72
　　고향 가는 길   74
　　홍수   76
　　가을을 만나다   77
　　첫눈과 석녀   78
　　눈 오는 날   80

4 아침 소묘　83

운주사 와불　84

하현달　86

꽃을 보면 꽃이 된다　88

회화나무　90

겨울 친구　92

항아리　94

화살표　96

나비　98

추락사고　100

톱니바퀴　102

연어와 나비　104

눈이 내리네　105

엉겅퀴　106

5 독신자　109
　　고백　110
　　해안초소　112
　　제망매가　114
　　원단 짜기 – 향가 「원왕생가」에 덧붙여　116
　　어떤 이웃들　118
　　오감도 속으로　120
　　설악산 신흥사에서　122
　　고대의 분위기　123
　　생각나지 않는 여자　124
　　속·님의 침묵 – 조오현 추모시　126

발문_마른 논에 물을 대다·김유선　137

1

유물

염천과 함께 찾아온 사람들이
염천과 함께 떠나간 개울가

가지런한 모래알들이 일사불란하게
정적을 나부끼며 만추 속으로 행진한다

그곳으로 투항한 입시생이
갯바위에 앉아 사열을 받는다

개울물 소리가 졸졸졸
그 모습을 깎고 다듬는다

원두막

불현듯 날아온 먹잠자리 한 마리
원두막 가에 내려앉아 자기를 꿈꾼다
그늘이 구름처럼 흘러가는데도
그새 나는 법을 까먹기라도 한 걸까

짙어만 지든 푸름을 감당하지 못한
한여름 오후가 바람이 되어 휘몰아친다
그 바람에 정물이 되어있던 잠자리가
하늘 높이 높이 솟구쳐 오른다

푸르고 푸르러만 지던 가슴을 부여안고
이상한 나라 사람들과 신나게 놀던 아이는
바로 옆 버드나무로 날아와서 울어대던
매미 때문에 급작스럽게 돌아온다

외로움과 쓸쓸함이 아이의 몸을
온통 칭칭 동여매고 있는 그곳으로
그 잠자리가 그 자리로 다시 날아와
그 아이의 꿈까지 이어서 꾼다

아지랑이

봄날이 나를 부른다
벚꽃 흐드러진 그 동산으로 찾아드니
저만치 한 아가씨가 서 있다

봄날 어디 있는지 아세요

내 말은 나비가 되어
그녀를 향해 날아가고
그녀는 꽃향기가 되어
나를 향해 날아온다

꽝

산산이 부서진 나비의 궤적들이
산산이 흩어진 꽃향기의 조각들이
시간 밖으로 흘러넘치고 넘쳐

먼 훗날 한 사내의 가슴 속으로
분분하게 흩날린다

메이드 인 천국

우리는 사람일까요
누가 만들어 놓았기에 이토록
애를 쓰며 사는 걸까요

당신입니까

아담을 닮아 똑똑하긴 하지만
언제나 헛물켜며 살아가는 모습
보고 계시겠지요
그렇게 안 된다고 했는데도
어제도 그렇고 오늘도 날름날름
선악과 따먹고 사는 사람들을
어제도 그렇고 오늘도 보고 계시겠지요

뉴스보다 먼저 알고 계시는
당신은 지금 무슨 생각 하시나요

부끄러워하기는커녕 자랑스러워하는
온몸으로 스며드는 선악과의 달콤함에
홀리듯이 빠져드는 우리를 보며
당신은 혹시

종말을 생각하시나요

그대는 수평선에서 산다

다가가면 멀어진다
멀어질수록 다가가려
나는 술을 마신다
막차 끊어지고 나서야
인사동 골목을 빠져나오던 내 목덜미 뒤로
그리움에 사무친 물빛 하나 스치운다
분주하게 걸어가는 내 발목 사이로
별똥별 하나가 휭하니 빠져나가
수평선으로 든다
발길을 돌려 바다를 밟고 간다
세상에서 밀리고 떠밀려 나는 만큼
첨벙첨벙 바다 위로 걸어간다
가도 가도 다가갈 수 없어 주저앉으니
문이 나타났다
파도를 짚고 일어나 문고리 흔드니
누구세요
언제나 내 몸속에서 출렁이던

어릴 적 물빛이 겸연쩍게 웃으며
빨리 들어오지 않으면
바닷속 깊이 빠지고 말 거라며
내 손목 잡아당기는 그대 손등으로
갈매기 떼들 하얗게 날아오른다

흥국사 느티나무

줄기차게 퍼부어대던 비가 멎자
나뭇가지 끝에서 달이 뜬다
빗줄기 같던 시간을 나이테로 묶어 놓고
은빛 밤길을 타고 사곡마을을 지나
사바로 출타하는 느티나무의 발길이 달뜬다
사람들이 저마다 환하다 저마다 둥글다
달맞이하듯이 다가가서 들여다보니
잔머리에 서로 속이고 서로 속는
인간들의 몰골이 고해 속에서 출렁인다
찌그러지고 뒤틀린 모습들이 비참하다
충분히 둥글고 충분히 환하건만
보름달보다 더 둥글고 더 환하려고
어떻게 저런 짓까지 하다니
선조 앞에 끌려온 이순신의 심정으로
이등방문을 향한 안중근의 손가락으로
가슴을 파고 파서 거기에다
팔만사천법문을 적는다

묶어 놓은 시간을 풀어 상처를 동여매고
약사전 약사여래와 함께
말을 잊은 채 차를 마시는 그 찻잔 속으로
보름달보다 더 둥근 달이 뜬다

석모도 갈매기

물살이 발목 잡아당겨도
바람이 소리쳐 불러도
갈매기 머릿속에는 여객선을 향한
별빛 하나 켜져 있다
땅과 바다의 차이로 생긴 각도를 타고
먼저 날아오르자
배가 외포리로 움직이기 시작한다
뱃머리 좌측 상공에 자리를 고정하는
눈빛 그늘에 붓을 잡은 손길이 어른거린다
배에서 바다로 날아오른 새우깡을
일필휘지하듯이 낚아챈다
팔을 뻗어 손에 들고 있는 것까지
망설이는가 싶었는데 이내 결단을 내리는
추사체와 사람들의 차이가
그 자신감과 그 용기만큼 뚜렷하다
기회를 포착하기 위한 저 포기
또 포기하는 저 은연한 여백으로

세한도를 그린다

아무런 생각 없이 살아가던 내가
갈매기가 그려놓은 그림 위로
끼룩끼룩 날아간다

가을에

나로부터 미끄러지듯이 빠져나온
나는 소리 없는 음악 속으로 걸어간다
울긋불긋한 풍악 속으로 빠져드는
길목에 소나무 한 그루가 서 있다
언제나 하고 픈 말 대신 연신
송진을 게워 내는 그에게 다가가서
말을 건네니 솔향이 갑자기
상수리 나뭇가지 사이로
들국화 꽃잎을 쓰나미처럼 휘덮는다
거기에 부서져 포말이 된 채
산기슭 한켠으로 떠밀려 나간 나를
누가 부른다 뒤돌아보면
빈 들에서 몸을 말리고 있던
바람들만 웃으며 쳐다본다

추일서정

이젠 끝났다
나는 졌다 살아온 만큼
이길 수 있으리라 믿었는데
시린 시름 속에서도
한껏 설레며 살아왔건만
패배자로 살아가는 법도 모르는데
들길을 홀로 서성이면 되는 걸까
강변에 누워 마냥
하늘만 쳐다보고 있으면 되는 걸까
코스모스같이 응원해 주던 그녀에게
그래도 한번 걸어본 전화는
새 떼들과 함께 하늘 꼭대기로 날아간다
그리움도 뒤를 따라
가을빛 선뜩이며 사라진다
그 모습 허공의 여울에 반사되어
내 기억 깊숙한 은막에 비췬다

알밤

끼니마다 차려준 밥을 먹으니
꿈이 생긴다
거르지 않고 먹으니
꿈이 여문다
계속 먹고 먹었더니
투득
사글셋방으로 떨어진다

아랫목에 누워 생각 한 채 지으려고
주춧돌 주우러 쏘다닌다
어느 산길 지나가던 발길 밑으로
알밤 하나
'투득'
알밤이 아니었다

'도'를 하나 주워
주춧돌 대신 세운다

하루

해로부터 지시받은 사람들이 집을 나선다
저마다 세상의 중심으로 파고들다
시간이 흐를수록 서로가 서로에게
엮이고 낚여 꼼짝달싹 못 한다
비명 자욱한 그곳으로
서녘 붉히며 찾아온 해가 하나하나 풀어준다
제집으로 다시 하나 둘 되돌려 보낸다
그러고서 어둠으로 한 사람 한 사람
아늑하게 품어 안는다
별빛을 타고 천고의 시간이 흐른 후
첫닭이 울면 마음 맑은 사람들이
자신으로부터 하나둘 부화한다

강화도에 유폐된 까닭은

바다를 가로질러 눈발 흩뿌리며
재갈매기 산허리 속으로 날아간다
따라가던 시간이 몸짓하던 사이
안개가 눈발을 덮치며 피어오른다
안개는 안개가 아니었다
눈발은 눈발이 아니었다
그때 나에게 선택받지 못한
언어들이 수천만 언어들과 합세하여
나를 강화도로 유폐시켰다
갈매기 따라가던 시간이 나를 따라와
괴롭히니 돌덩이 같던 내 사념이
눈발이 되어 그 산허리 속으로 달아난다
그곳에 모여있던 재갈매기 떼들
화들짝 놀라 안개 피어오르듯이
눈발 속으로 이해할 수 없는 언어들을
흩뿌리며 날아오른다

높새 따라 하늬 따라

높새 따라
는개로 갑니다
민들레 달빛으로 피는
전생으로 갑니다
가다 보면 거기는 여깁니다
해거름에 걸터앉아
첩첩이 가려진 천년 바라보면
임 그리다 눈먼 꽃이
그만 나를 안아줍니다
운명에 발길 적시며
비릿하게 돌아서서 다시
가다 보면 여기는 거깁니다
인생 하나 인연 하나 걸머메고
하늬 따라
나그네로 갑니다

인간 운전기사

자동차 운전기사는 자동차를 잘 몬다
앞도 보고, 뒤도 보고, 옆도 보며
아무리 막혀도 기다리고 기다렸다가
양보도 하고 배려도 하며
신호 과속 딱지 한 장 떼지 않고
주차장에 반듯하게 정차시킨다
사람은 앞 사람을 뒷사람을 옆 사람을
제대로 보고 살아가는 사람들이 없다
초보도 아니고 무면허자들이다
가정에서도 직장에서도 사회에서도
추돌사고가 여기저기에서 터진다
매일 같이 뉴스 시간을
활기차게 돌아가게 만든다
자기만 너무 바라보고 운전한 탓에
자기가 자기한테 덮어 씌어 좀비가 된다
사이비종교 신도가 되고
정치가가 되고 당원이 된다

2

서정 시인

감나무밭으로 가는 개울가에
함초롬히 피어 있는 나팔꽃이
나팔을 분다

그 나팔 소리에 한 아이가 자라나
소년이 된다
청년이 된다
중년이 된다

그를 키운 건 팔 할이
그 나팔 소리였다

형 체

생각과 생각 사이에서
아지랑이 인다
그 속에 무엇인가 어른거린다
눈을 비비며 바라본다
산골에서 흐르던 물이
강으로 스며들 동안 강에서
바다로 스며들 동안 뚫어지게
바라보니 그곳에
괴물 하나 들어있다
생각과 생각이 일치하니까
아지랑이 걷힌 그곳에
본질 한 덩어리
덩그러니 남아있다

그 집

마당 한켠에서 목련 꽃잎 하나
오늘도 뒷짐 진 채 꼼짝하지 않고선
무언가 골똘히 생각한다
어디선가 바람이라도 불어오면
왜 저토록 안절부절못하는지

갑자기 담장 밖이 시끄러워지더니
주인이 추락하고 추락한다
벚꽃은 뭐가 그리 좋아서
그렇게도 흐드러지게 피는 것인지

주인이 망해야
자연도 세상도 좋아진다는 뜻인가

그 주인 허어참

아기꽃과 봄눈

햇살을 걸쳐 입은 바람결에 걸터앉은 아기에게
할머니가 겨울나라 이야기를 들려줍니다
우리는 갈 수 없는 곳이란다
산 아랫마을 꽃가게에 쌓여있는 꽃들을 내다보며
이따금 내쉬는 한숨으로 이야기를 이어갑니다
큰 눈을 껌벅이며 듣던 아기는 잠이 듭니다
아기는 꿈속에서 할머니의 이야기를 타고
감나무에도 떡갈나무에도 핀다는
눈꽃을 만나려 겨울나라로 갔습니다
매서운 바람이 갑자기 나타나서 겁을 주었습니다
시냇물은 밧줄에 묶여 꼼짝달싹하지 못했습니다
나무들은 벌거벗은 채로 회초리를 맞고 있었습니다
걸음걸음마다 풀잎들 나뭇잎들의 주검들이
발길에 켕겨 들었습니다. 아기꽃은 바위틈에 숨어
눈을 꼭 감은 채 울고 있었습니다
얼마나 지났을까요. 바람 소리가 잦아들더니
땅이 천길만길 꺼졌습니다. 눈을 번쩍 뜨니

새 세상이 눈물에 젖은 아기의 눈망울을
더욱 초롱초롱하게 빛내며 하얗게 나타났습니다
와 눈꽃이다
아기는 소나무를 향해 막 달려가다가
돌부리에 걸려 데굴데굴 굴렀습니다
구르고 구를수록 점점 커졌습니다
커질수록 포근하고 따뜻하여 환호하였습니다
애야! 애야! 웬 잠꼬대를 그렇게 하나
잠에서 깨어난 아기꽃은 두리번거렸습니다
그때 겨울나라 바람이 아기를 쫓아
먹구름을 몰고 꿈 바깥으로까지 쳐들어와서
눈을 퍼부었습니다. 할머니꽃 위로 아기꽃 위로
눈송이가 점점 굵어지더니 펑펑 퍼부어댔습니다
할머니! 눈꽃이 왜 이래, 나 얼어 죽겠어
애야 참고 견뎌야 한다. 업보지 업보
겨울에도 꽃을 피워서 팔아먹더니만……

하늘말나리꽃

맹수의 발톱을 세우고 치달리던
어느 여배우는 좋아하는 꽃이 있다
하늘 보며 살아간다는 그 남자가
좋아한다고 했기 때문이다
그 꽃이 필 때마다
인기를 향한 발톱 대신 숨을 고르며
호수에 내려앉는 달빛 한줄기 켠다

그녀는 시도 시인도 잘 모르지만
스페인 시인 가르시아 로르카를 좋아한다
그 남자가 시인이 되고 싶어 했기에
그 시인처럼 살고 싶어 했기에
기자들 앞에서 인기를 시기하는 사람들 앞에서
순댓집 딸이라고 말하는 것이
가정부였다고 말하는 것이
꽃을 보듯이 시를 짓듯이 아름다웠다

수박씨

밤하늘 한입 베어 문다
내 우주관이
빨갛게 익었다

별 하나 퉤 —
뒷산 등성이 타고
할아버지 무릎에 누워 잠든
내 유년의 꿈속으로 쏙 —

생각 둘 퉤~
어린 왕자가 사는 동네
고샅길로 꼬리를 감춘다

별 셋 퉤 —
자본주의 사람이 사라진
그 빈자리로
정신주의 사람이 쏙 —

침대 위로 날아든 심야버스

한 무리가 노래방에서 나와
뿔뿔이 꾸불꾸불 흩어진다
한 남자는 손가락 끝에 아직 남아있는
리듬을 갖고 버스를 탄다
교통카드가 삑 거리자
발가락 하나가 까딱거린다
빈자리에 등어리와 엉덩이를 툭 처박자
심장이 쿵더쿵거린다
숨결이 코를 통해 높고 짧고 빠르게
세고 느리고 길게 뿜어져 나온다
흑색 풍경을 가르며
자정으로 넘어가는 엔진소리가
손가락 발가락 끝을 타고
쿵쾅 쿠구구 쿵쾅 눈은 감고
입술을 아주 작게 자그마하게 연다
옆에 앉은 남자가 고개를 까닥인다
누가 발바닥을 쿵 친다

이어폰을 끼고 있던 앞에 앉은 여자가
일어나며 손뼉을 친다 노래 부른다
운전기사가 어깨를 들썩인다
짐짝처럼 앉아 있던 사람들이
하나둘 일어나 춤을 춘다
제각기 흔들던 몸짓이 어느 틈에
하나같이 일사불란하게 움직인다
왼팔 일제히 뻗어 올리자 왼쪽 날개가 된다
오른팔 일제히 뻗어 올리자 오른쪽 날개가 된다
버스는 시조새가 되어 날아오른다
점점 커지는 노랫소리로 점점 크게 저어
우주의 한 틈바구니로 날아든다
그가 감았던 눈을 뜨자
그가 침대 위에 홀로 누워 있었다

전도사

산이 불탄다
산등성이에서 아래로 아래로
푸르다는 산에 대한 믿음을
한순간에 사그라트리며
불길이 산골 마을까지 활활 태운다
그 누구도 피하지 못하였다
그 믿음은 너무나도 한가로웠다
마을 어귀에 나와 앉아
올겨울 날씨 걱정하고 있던 한 아저씨가
고샅길에서 뿜어져 나오던 불길에 휩쓸려
어디론가 흔적 없이 사라졌다
불길에 휩싸일수록 집들이 마을이
섬찟하리만큼 또렷하게 그 형체가 살아난다
그즈음 어느 도시 번화가로 나가떨어진
산골 아저씨가 지나가는 사람들에게
정신없이 소리친다
한 사람 한 사람 붙잡고

이곳까지 곧 닥치게 될
가을을 믿어달라고
자신을 활활 태우며 설파한다

목련전

Ⅰ

고창읍성 세 바퀴 돌고 나온 길섶
서방정토에서 누가 나를 부른다
뒤돌아보니 신재효 생가 뒤뜰 언덕배기에서
꽃망울이 하나둘 중모리장단으로 터진다

이른 저녁에 들른 단란주점 한켠에서
친구와 소주잔 기울이고 있던 한 아가씨가
스테이지로 나가서 하얗게 웃는다
오르다 다 오르지 못하고 갈 곳 잃은
목소리가 내 몸속으로 들어와서 숨는다
쉽게 터트린 웃음 그 속에서 떨고 있던
가락이 내 몸속에서 망울망울 터진다

Ⅱ
햇살이 속살 드러내고 떨고 있을 때면
나도 몰래 그 집 앞으로 가서 서성거린다
언제나 닿을 수 없는 곳에 맞춰놓은
그녀의 눈망울 속에 새 옷 곱게 차려입은
사내아이가 꽃 빛에 발목 적시며 뛰어논다
나를 닮느라 하얗게 타는 모습이
눈물에 고여 그만 주르륵 떨어진다
마당 한 귀퉁이에서 지켜보던 꽃잎 하나
그 얼굴 가려주며 떨어진다

정물화
- 술집에서

한번 밀려나자 자꾸 떠밀려
겨울 끝 벼랑에 매달려 있는
술집으로 굴러떨어진다
더는 떠밀리지 않으려고
다리가 짝짝이인 식탁에 앉아
나를 고정시킨다

팔꿈치를 움직일 때마다
반쯤 마신 막걸리가 반쯤 남은 막걸리한테
시비를 건다 꼼짝없이
내가 다섯 번째 다리가 된다

바쁘게 흐르는 구름을 비집고
깨진 금 따라 하트를 붙여놓은 유리창으로
들어온 햇빛이 내 다리 꼴을 보고
얼씨구
환하게 추임새를 넣는다

무심코 그 모양 지켜보던 아주머니가
불에 그을린 행주치마에 손 닦으며
몸집만큼 큼직하게 썬 오이 한 접시 내다준다

미닫이문을 부수기라도 하려는 듯이
흔들어대던 바람에 그 추임새가 꺼져버리자
눈이 내린다
지난 일들을 하얗게 덮으며
술잔 위로 펑펑 내리다 말고
송이송이 멈추어 선다

웃음소리

나를 보고 한 여자가 웃는다
웃음소리가 내 몸 구석구석으로
알알이 들어와 박힌다
더 크게 웃으며 그 웃음소리에 묻혀
총총히 사라지는 그 여자를 따라
주변에 있던 사물이 하나둘 사라진다
웃음의 여음이 텅 빈 그곳으로
밀물이 들어차듯이 들어찬다

어떤 모임에서 그녀가
종이쪽지를 선물이라며 주었다
밑줄 친 '새로운 인간'이 인사를 한다
동그라미 그은 '선견지명'에 붙은
북극성이 내 몸을 비춘다
몸속에 박혀있던 웃음에서 싹이 튼다

내 몸과 웃음에 관한 공식을 짜고 있던
어느 날 웃음에서 꽃이 만발한다

임금 놀이

봉창 유리로 뭇국에 풀어지던 노을이
히산궁*으로부터 전갈을 갖고 왔다
밥술 뜨다 말고 일어서는
아이의 손을 잡는 할머니 손 그 거친
손마디 사이로 기러기 떼 날아간다
한 무리의 아이들이 빛 무덤 밟으며
모과나무 밑으로 숨어든다
혹부리 영감이 마을가는 틈을 타
별빛 이끼로 퇴적된 궁궐 안으로
석양으로 군불 지펴 놓은 사랑방으로
아이들이 하나둘 감쪽같이 잠입한다
크레파스로 서툴게 그려놓은
불빛 아래서 가위바위보
먼 하늘에서 번갯불이 아이들 가슴을 친다
역적이 임금이 되자 숨죽이며 엿보던
바람이 문풍지에서 파르르 떤다
할머니가 시간과 구름을 불러 굿을 할 즘

곳간으로 가서 모과를 훔치던 임금님의 손
그 손금 사이로 까마귀 한 마리
여리고 가냘픈 아이들 가슴에 반사되어
온몸을 환하게 드러난 채 날아간다
징징 지잉징 낯선 시간 물고
쳐들어오는 굿하는 소리에 모과향이
하얗게 질려 함박눈이 되어 펑펑 내린다
눈길을 피해 일찌감치 돌아오는 영감님
기침 소리에 아이들이 방안에서 폭발한다
눈송이들이 환하게 밝혀주는 길을 따라
파편이 되어 끼룩끼룩 날아간다

*) 홍건적의 난으로 공민왕이 안동으로 몽신했을 때 그 모후 명덕태후가 기거했던 곳으로 여겨지는 곳.

아침 독작
– 이백의 「월하독작」에 부쳐

보름달이 술상 봐놨다고 하길래
옛집으로 부리나케 찾아드니
얼마나 반가우면 눈이 부시도록 환하다

늘 생각하고 맘에 담고 있었다고 하는
그의 말이 고맙고 기뻐서
한 잔 부딪히니 세월이 와서 노래하고
두 잔 부딪히니 인생이 와서 춤추는구나

생일 선물로 받은 장난감 자동차를
그 생일이 몇 번이나 지나간 늦은 밤까지
몰고 다니다 그만 바퀴가 빠져버렸을 때
유년의 그 표정보다 더 찌그러지기에
왜 그러냐고 했더니
구름이 지나가서 그렇다고 둘러댔지만
그의 마음이 내 마음이었다

어머니가 할아버지 환갑 잔칫날이라고 사 온
분말 오렌지 주스 향이 신새벽으로
안개처럼 피어오르는데

세월은 목이 터져라 소리 지르고
인생의 춤사위 절정으로 치달리는데
동녘이 벌써 밝아오길래 옆을 보니
그가 흔적 없이 사라졌다
술이 얼마나 약했으면
그래도 그렇지 말 한마디 없이

아침에 나는 홀로 술을 마신다

가을비와 그리움에 대한 방정식

들이 산을 밀어낸다
밀어낼수록 마음 하나 들어차는
이 들녘으로 장대비 쏟아진다
주황빛 우산 받쳐 쓰고
어둑한 이곳까지 찾아든 것은
빗줄기 가르며 자기한테로 달려오는 그를
빗줄기 걷어내며 노려보는 것은

횃불로 이글거리던 그 눈길이
번갯불에 잘려 나가
달려오다 말고 우뚝 멈춰 선 단풍나무
그 나뭇가지로 날아가 걸린다

막막한 들녘에 드리워진 다리가
짧은 치마 속에서 뒤뚱거리며 우산을 접으면
그리움이 빗줄기에 점화된다
광막한 대지가 활활 불타오른다

3

봄의 실루엣

어떤 사색이
허무로 뒤덮여 있는 진실을 찾아
헤매고 있을 때
저만치에서
어떤 형체가 시퍼런 칼을 들고
아주 유연하게 다가온다
어깨 잔뜩 낮춘 채
점점 더 가까이 다가와
허무 속에서
잔인하기 이를 데 없는
또 다른 진실을 발견한
사색을
여지없이 내리친다

산골 오후

꼬꼬대액
풀잎이 오싹거린다
꽃잎도 화들짝
꽃잎에 앉아 놀던 나비도 놀라
산곡풍 타고 높이 높이 날아간다
찰나에 일어난 일이었다
그렇지가 않다
몇 겁이나 지난 일이었다
무슨 일이 일어나긴 일어났건만
풀잎도 꽃잎도 나비도
시치미 뚝 떼고 있던 그 순간
꼬꼬대액
산간에 금이 간다
그 금 깊은 곳에서
뻐꾹 뻐억꾹
기억이 오싹거린다
의식이 화들짝 놀란다

산골 잔칫날

빗줄기가 산골짜기를
빽빽하게 메우고 있다
저 깊은 빗발 속에서 들려오는
뻐꾸기 소리 뻐꾹뻐꾹
그 소리 사이로 이 새 저 새들이
여기저기서 끼어들며 울어댄다
천둥마저 저 멀리에서
어두컴컴한 산천에 폭죽을 쏘아댄다
황토집 처마 밑에 쪼그리고 앉아
사색의 볼륨을 최대한으로 높이니까
빗 가루가 나를 덮친다
그 바람에 텃밭에서 시들어가던
고구마 줄기가 빳빳하게 일어선다
드디어 세상과 자연이 결혼식을 올린다
그 모습 바라보며
막걸리 한 잔 쭉 들이켠다

새 · 집 · 꽃

앞이라고 하는 것에
무한정 끌려다니는 사람들 틈에
멀거니 서서 빈 웃음만 피워대다가
날개를 퍼덕인다
기억을 뒤지며 뒤로 뒤로 날아간다
날아가다가 하얀 울타리가 쳐진
초가집 마당에 내려앉는다
밥을 푸시는 어머니
김 속에 얼비치는 얼굴 살펴보려고
목을 오므렸다 뺐다 하니
할아버지가 기침하신다
할머니가 방문을 열고 내다보며
어여 밥 먹으러 들라며 손짓하신다
물고기튀김 한 쟁반 가져다주고
돌아가는 옆집 순영이 따라
뒷산 아지랑이 사이로 날아다닌다
그 날갯죽지에 밤의 깊이를 타고 오는

짐승들 울음소리가 그 소리에 짙어만 지던
꽃들의 향기가 시나브로 스며든다
깃을 빳빳하게 세우고 고향의 풍경을
웃음에 가득 담아 사람들 앞으로
앞으로 날아와 붙박인다

감나무골

 바람이 새털같이 나부끼던 아침, 큰집 씨받이가 남몰래 몸 풀어놓은 것 같이 밤새 소복이 떨어진 감꽃을 아홉 살 내가 한 바구니 주워간다. 그 뒤로 두세 명의 아이들이 눈곱 비비며 나타났다가 겨우 한두 알 주워 먹고 투덜투덜 돌아간다. 햇살이 가시처럼 살갗을 찔러대던 날 아침에는 미리 온 아이들 틈바구니에 끼어 돌잔치 하기기도 전에 저세상으로 떠난 동생같이 떨어진 풋감을 헐레벌떡 주워다가 침 담가 놓는다. 작은 단지 옆에 붙어서 이제나저제나 자꾸만 깨물어본다. 풀이 쇠죽 냄새로 익어가던 아침, 입학시험에 떨어진 형 같은 감을 주우러 왔다가 윗마을 아이들이 다 주워간 뒤라 빈손으로 돌아간다. 자꾸 떨어지던 성적표 받아 든 날 할아버지 지게 타고 가다가 보니 너무 놀라워서 입이 딱 벌어진다. 잎이 다 떨어진 감나무 꼭대기에 대왕이 앉아서 나를 내려다보고 있었다.
 직장 생활할 때까지도 벌어진 입은 다물어지지 않았다. 새벽마다 들녘으로 나가 서리를 맞아 보았지만,

소용없었다. 나무 꼭대기에 내가 대롱대롱 매달려 있는 꿈을 꾸던 날 감나무골로 찾아갔다. 감나무는 온데간데없고 감나무골가든이라고 하는 으리으리한 간판에 토종닭, 오리탕, 보양탕들이 주렁주렁 매달고 있었다. 입이 딱 다물어졌다.

가을 속으로

 깊어지는 이 가을에 우리 만나 연극도 보고 맥주도 한잔하며 사는 이야기나 나누며 삽시다. 저야 뭐 산다고 할만한 게 있어야지요. 사는 거 없이 사는 이야기도 좀 해주세요. 시간이 차도록 겉도는 발길에 힘을 주어 '천년'을 찾아 들어서는 순간, 비늘같이 엮어진 단풍잎들이 저마다 손을 내밀며 반짝인다. 신입 동문들 같은 비단잉어들이 하늘 속에서 산과 산 사이를 유영하고, 나도 매직아이 보듯이 물속에 잠겨 숨을 쉰다. 물속에서 말하고 물속에서 웃으니까 세상이 세 살배기 조카처럼 가볍다. 바위 밑으로 산꼭대기로 가벼움을 맘껏 누리고 '학전'로 들어가서 공중변소 앞에 앉았다. 그 옆을 가득 채운 여자들 앞에 손가락과 바나나로 만든 성기가 난무하고 지성으로 위장한 원색이 출렁거린다. 섹스와 술주정과 통일과 그 풍자가 낙엽이 되어, 어떤 것은 휴지가 되어 현상금 한탕에 드리워진 눈독만큼 포르노보다 더 많이 벌겠다는 욕심만큼 강철같이 무대 위를 뒹굴어 다닌다. 이 시대를 살아가는 방법은 남자 변소를 빠끔히 들여다보며 토해내는 여자들의 비릿한 폭소를 적금통장에 차곡차곡 챙겨 넣는 연극단원들의 솜씨 같은 것인가. 변소를 비언소라 부르며 살아가는 그 사람들이 현상 수배범을 쫓아다니는 등장인물처럼 지저분하게 보이는 것은. 사는 거 없이 사는 게 더 잘 사는 것처럼 느껴지는 것은. 벽에 부딪히기만 하면서 살아온 선배님의 끝 간 데 없이 풀어지던 얘기 듣다 말고 물기 툭툭 털며 일어나, 풀 내 나는 후배 명함 들여다보면서 가을 밖으로 걸어간다.

환절기

외롭기도 전에 전화를 걸고
만나기도 전에 반가워하며
산속 깊은 카페로
동해로 서해로 해 따라 쏘다니다가
별들의 이슬을 받아먹으며
우리는 하나로 여물어 갔지요

지난여름이 그렇게 덥지만 않았어도
그 계곡에 가지 않았을 텐데
물수제비 하다 만난 가을이
여기까지 찾아오지만 않았어도
우리는 별이 되어 저 하늘 한 자리
차지할 수 있었을 텐데

톱날 같은 바람에 잘리듯이 떠난
그대 그루터기에 앉아
만나도 몸 달아오르지 않으면

다시 오겠다는 그대 뒷모습을
멍하게 바라보고만 있어요
남녘 하늘 모퉁이에서 연주하는
그대 닮은 음악에 내 몸이
수직으로 붙박여 달아오르네요

흔적

꿈속에서 맑은 비 냄새가
고등학교 일 학년 여름방학을 끝내고
등교하던 날로 퍼져나간다
묶여 있던 시간을 우산 삼아 쓰고
길거리로 나서면
사람들이 동아줄로 자신을 동여맨 채
저마다 꿈속으로 기어오른다
얼굴 가득 하늘 묻히며 부서지던
빗줄기가 벽보 쪼가리처럼 뜯겨나간
기억 속에서 들국화로 핀다
멈칫거리며 쳐다보고 지나가던
한 여학생의 눈빛 따라 살풀이춤을 추며
쏟아져 내리던 빗줄기가
하얀 유전자 속으로 차오른다

산맥을 타고 가다가 지나친
물안개에 덮인 어느 산골 마을 같은

그때가 내 기억에 부적처럼 새겨진다
지우면 지울수록
죽음보다 무섭게 살아난다

샛길

앞차를 쫓아서 뒤차에 쫓겨서
안동에서 서울로 간다
구멍가게 앞을 지나 짜장면집도 지나간다
가면 갈수록 산과 단풍
들과 꽃들은 스스로 쳐 놓은
금에 갇혀 기억상실증에 걸린다
폐쇄공포증에 시달리던 나는
점촌과 문경 사이에서 금을 벗어나
가은 쪽으로 빠져나간다
떨어지는 단풍잎을 바라보며
글썽이던 눈물이 열매로 맺힌다
돌멩이들이 개울가에서
청군 백군으로 나눠 운동회를 한다
터마다 들어선 집들이
한참이나 좇아오던 쌍룡계곡이
새털구름으로 옷을 맞춰 입은 속리산이
서로서로 도와가며 탑을 쌓는다

울렁거림으로 한층 설렘으로 한층
쌓고 쌓아 올린다
사람들이 서울 길목에서 꼼짝달싹 못 할 즘
나는 탑을 타고 하늘로 올라가고
하늘은 탑을 타고 내게로 내려온다

고향 가는 길

오후 3시 틈으로 길이 사라진다
말간 풍경 속에서 익어가던 폭풍이
치악산 자락의 고속도로를 빨아들인다
(어제부터 기다리고 계실 어머니)
금줄 처진 샛길로 빠져나와
개울 옆 그늘에 차를 세워 놓고
젖은 졸음을 덮고 잠을 잔다
얼마나 잤을까
바람피우고 싶도록 맑은 바람이
얼굴을 매만지는 바람에 깨어나 보니
햇살이 잔뜩 쪼그리고 앉아
두근거리는 내 심장을 토닥인다
시냇물이 참고 있던 말을 자꾸만 건네는
열 살 무렵 색시로 점지해 둔 복사꽃이
산비탈에서 수줍게 눈웃음치는
여기는 어디일까
멀리 달구질 소리 들려오는 쪽으로

농부가 지나간 시간을 풀풀 뿌린다
여기가 그곳일까
(애간장 태우고 계실 어머니)
소가 햇살 몰고 돌아간 그곳에
아직도 움츠리고 있다

홍수

생각이 오래되니 그 속에서
뻗어 나온 모세혈관으로 소나무가 된다
그리움과 기다림으로
소나무와 나 사이에 문을 만든다
송홧가루 흩날리던 날
문을 빼꼼히 열고 들려다 보니
나를 보고 화들짝 놀란다
방생한 물고기 같은 적혈구들이
전류가 되어 온몸에 박힌 관솔마다
팔딱거리며 불을 켠다
불빛이 문지방을 타고 흘러넘친다
문밖이 문안에 휩쓸려 떠내려간다
나도 두둥실 떠내려가는 와중에
송홧가루만 씨방을 향해
거스르고 거스르며 흩날린다

가을을 만나다

여름을 구석에 처박아둔 채
그를 만나러 간다
고추잠자리처럼 공기에 색깔을 칠하며
인사동 골목으로 날아간다
반가운 사람들의 손을
한 폭에 모아 개관 시간이 지난
갤러리에 걸어놓으니
가을이 된다
가을과 막걸리를 마시면 의식되고
가을과 솔바람차를 마시면 무의식이 된다
별과 별 사이로
질질 끌려다니던 의식과 무의식에
나는 빨갛고 노랗게 색칠한다

첫눈과 석녀

하루 세 끼 챙겨 먹은 몸뚱이를
낡은 구두 뒤축에 싣고
왕십리로 가는 지하철을 타면
길은 매화 빛 수줍은 과거로 사라진다
약속 장소만 낙엽처럼 뒹군다

사라진 길에서 길을 찾다가 만나
밤을 함께 지새운 그녀가
역전에 그려놓은 동그라미 속에 앉아
만삭인 몸을 뒤척인다
첫눈이 하늘을 백기처럼 휘날리며
소크라테스식 문답법으로 내린다

눈 속으로 사라져 버린 장소에
몸을 풀어놓은 그녀가
퍼부어대는 눈발로 뒷모습 가리며
어느 미래 속으로 사라진다

장소 없는 장소에서 태어난 아기는
소크라테스의 질문 속으로 사라진다

내 몸은 어디에 있었던 것일까
밥 먹은 기억과 구두가 닳은 걸 보면
그곳에 간 건 분명하다
그곳은 거기에 있었던 것일까

눈 오는 날

분주하던 거리에 별안간 나타난
새끼 잃은 짐승이 울부짖으며 날뛰니까
사람들 발길이 일제히 흩어진다
자기 집에서 이불 덮어쓰고 있던
마음들이 피 냄새 묻어나는
루비 빛으로 타오른다
마른 잎 떨어지듯이
울음소리 잦아들자 사람들이
저마다 창밖을 내다본다
아기를 어르는 엄마의 눈망울 망울
눈꽃이 송이송이 피어난다
두려움과 사랑의 경계가 하얗게 지워지던
그 자리로 새 세상이 꼬물꼬물 태어난다
산도 들도, 이 사람도 저 사람도
모두 하나가 되어
하얗게 하얗게 노래한다

4

아침 소묘

아무리 귀 쫑긋거려보아도
먹먹하기만 하던 날 아침 세수하려고
수돗물을 틀자 다른 차원으로부터
한줄기 목소리가 들려왔다
"너는 나의 뜻이다"
"너는 나의 뜻이다"
수돗물 잠그고 귀 기울여보았더니
아파트 계단 쪽에서 "세탁"
들리지도 않던 목소리가
북을 치며 점점 가까이 다가왔다
"세에타아악"
융단폭격기처럼 날아왔다
내 심장 소리는 공습경보처럼
영혼을 둥둥 치고 있었다
나는 내 영토를 시기기 위해
다른 차원을 향해 소리질렀다
"나는 당신의 뜻이다"

운주사 와불

나는 나를 정으로 쪼아댄다
헛손질 수없이 해대며 콧대를 세우고
먼 산과 들꽃을 바라보는 은은한 눈매와
움직여야 할 때 움직이고
가만있어야 할 때 가만있는 몸짓까지
한 번의 연습도 실습한 적도 없이
나는 나를 만들고 있다
더 이상 손댈 데 없이 만들어진
나를 바라보며 허리를 쭉 펴고
하늘 향해 싱긋이 기지개 켜는 순간
내가 사라졌다
나를 담고 있던 세상도 사라졌다
나는 이곳저곳 미친 듯이 찾아다녔다
운주사에서 실없이 봄비를 맞고 있을 때
거기에 세상이 고스란히 나타났다
거기에 천 명의 군상이
앉거나 서거나 눕거나 하면서

제각각 자리 하나 차지하고 있었다
그중에 내가 누워 있었다

하현달

폴라를 벗어놓고 불어온 바람이
레스토랑 '녹산과 청산'을 서늘하게 할 즘
소집영장을 받은 동창생들을
얼음낚시 하듯이 하나하나 낚아 올렸다
잊지 않고 있었다고 말하는 아이들 앞에서
나비가 되어 이 꽃 저 꽃으로
구차하게 살아가는 나를
그들을 까맣게 잊고 살아온 나를
빵 한 쪼가리만큼만 꺼내놓으며 날아다녔다
어떤 아이와 마주친 눈빛에서는
아지랑이가 피어오르고
어떤 아이한테선 안개가 피어올랐다
그즈음 미장원에서 갓 나온 듯한
아주머니 한 분이 우리들 환호 속으로
구름에 잠기듯이 스며들었다
나를 알아보고 거침없이 반가워하는
그녀의 눈망울에 끌려 나는

초등학교 4학년 3반 내 책상으로 가서 앉았다
공책이 자기 쪽으로 조금 넘어가도
매섭게 앙탈을 피워댔다
나는 그녀가 불리하게 그어 놓은 경계선에서
휴전선을 지키듯이 경계근무를 섰다
고등학교 1학년 때던가
이 남자 저 남자들과 돌아다닌다는
그녀의 소문이 중소도시의 어느 골목에서
작약꽃같이 피었다가 무심하게 떨어졌다
지금은 커다란 음식점을 운영한다는 그녀가
아직은 훤하지만 밤하늘 속으로 자꾸만
사그라드는 자신을 감당하지 못한 채
책상 위에 그어 놓은 금을
자꾸만 지우려고 애를 쓴다

꽃을 보면 꽃이 된다

꽃 박람회에 가서
수국을 한참 바라보았더니
어느 작은 절간에서 꽃을 더듬던
눈먼 처녀가 나를 더듬는다
내가 수국이 된다
소국을 바라보면 소국이 된다
대국을 보면 대국이 되고
동자꽃을 보면 동자가 되고
애기앉은부채를 보면 아기가 되어 운다
큰두루미꽃을 보면 두루미가 되고
매발톱꽃을 보면 매가 되어
고향 마을 상공에서 빙빙 돈다
개불알꽃을 보면 개불알이 되어
나도바람꽃을 보면 바람이 되어
살랑살랑 바람을 핀다
청바지를 보면 청바지를 입고
미니스커트를 보면 미니스커트를 입고

소인배를 보면 소인배가 되고
군자를 보면 군자가 되어 돌아다닌다
그런데 나를 보면
아무리 뚫어지게 쳐다봐도
거참 내가 되지 않는다
몸속으로 꽃잎이 우수수 떨어진다

회화나무

 차 안에 앉아 있는 내 앞으로 지나치다 말고 그가 다가온다. 무척 오랜만이다. 인사하려고 내려선 내 발밑에서 휴지를 주워 들고는 땅만 두리번거리며 그냥 지나친다.
 솔개가 병아리 낚아채듯 쓰레기를 낚아채 솔개처럼 날아간다.
 이 거리에 언제나 느낌표처럼 서 있던
 조 팔푼이!
 변모를 거듭해 온 이 거리로
 빵집 아줌마 싸움 소리, 유도관 기합 소리, 달리아 빛이 유리창에 부딪히는 소리들이 왕왕거리며 지금을 무너트린다. 그 틈으로 과거가 환하게 쏟아져 나온다.
 마을이 기우뚱거린다.
 그곳에 그가 서 있다. 거대한 회화나무가 되어……
 아이들 돌팔매질에도 꿈적도 하지 않더니 그래서였구나!
 바람이 부니 마을이 떠내려간다.

회화나무 잎들이 돛이 되어 항해한다.
금빛 가루 뿌리며 새로운 시간 속으로 떠나간다.

"지금은 어엿한 시청 공무원 아이가. 요즘엔 대학 나와도 환경미화원 한다고 안 트나. 개 같은 효자는 이 세상에 둘도 없느니라. 니네들은 죽었다 깨도 개 반도 못 따라간다."
한번 시작한 아지매 말은 끝날 줄 몰랐다.
"그 집 아비가 죽고 나니 개가 180도 달라지더라 카이! 좀 모자란다고 아비라는 게 그 좋은 애를 글쎄, 그 지경으로 만들어 놓다니, 생각할수록 원, 쯧쯧!"

겨울 친구

 이른 아침부터 훤하게 차려입은 친구 녀석이 찾아와서 부엌문 쪽을 기웃거리는 바람에 잠에서 깨어 신문을 뒤적였다. 꼴뚜기 한 마리가 내 얼굴에 흙탕물을 튀기는 바람에 세수했다. 요즈음 신문은 왜 이렇게 지저분하지? 그거야 고래 대신 꼴뚜기, 망둥이들이 판치니깐 그렇겠지. 그가 와서 그런지 여동생이 오늘따라 아침상을 유난스럽게 차려왔다. 그는 동생 엉덩이에 붙어서 갈치구이를 열심히 뜯어먹고 있었다.
 문밖에는 망둥이의 졸개와 꼴뚜기 병사들이 휘두르는 칼질에 삭풍이 매섭게 일어나고 있었다. 커피잔을 마주하고 앉아서 늘어진 내 팔자만큼이나 길게 담배 연기를 내뿜자, 그의 정체가 X레이 촬영한 것처럼 훤히 들여다보였다. 찢어진 봉창을 통해, 그는 태양인지 세상인지 하는 것과 슬프리만큼 단단하게 얽히고 설켜 있었다. 세상을 구하겠다고 돌아다니는 그가 누구에게나 따뜻하고 당당하게 굴던 그가 바깥바람 한 줄기에도 금방 긴장하며 파르르 떨었다. 그는 내가 팔자 늘어지게 지낼 수 있는 것이 다 자기 탓이라며 능청을 떨었지만, 말투 속에 슬픔이 덕지덕지 묻어 있었다. 점심때가 되자 동생이 그가 좋아하는 칼국수를 끓여왔다. 그즈음 서쪽에서 한 무리의 구름이 심상찮게 몰려오자, 그는 수저를 들다 말고 어디론가 사라졌다.

말갛게 얼어붙은 말세의 풍경이 봉창 구멍 속으로 파고들수록 졸음은 소나무 장작으로 군불 지펴 논 아랫목에서 먼 그리움으로 타올랐다. 얼마나 지났을까. 낮잠에서 쓸쓸하게 깨어나서 보니, 그가 돌아와 윗목에 비스듬히 누워 있었다. 갔던 일이 잘 안되었는지 시무룩하게 깊은 생각에 잠겨 있다가 문득, 영화나 보러 가자고 했다. 추워서 싫다고 하니 그럴 줄 알고 있었다며, 동생을 꼬드겨서 저녁도 먹기 전에 둘은 분주하게 치장하고 나가 버렸다.

그가 찾아왔던 봉창 구멍으로 멍하게 노을을 쳐다보며, 나는 무슨 놈인지 나의 정체는 무엇인지 한번 살펴보려고 했는데 어둠이 나를 까맣게 지워버렸다.

항아리

 아카시아 향기 조금, 파도 소리 한 움큼, 단풍잎 너덧 장, 함박눈 소복이, 나머지는 풀잎 사이에서 놀다가 온 안개로 채워져 있는 여자가 오랜 세월 동안 품고 있던 사랑에 잘 삭아서 맛이 든다.
 하루 종일 집안에서 지내던 여자가 몇 번이나 외출복의 옷걸이가 되었다가 커튼이 되어 창밖을 맛깔스럽게 내다본다. 그 모습을 액자에 담아 벽에 걸어놓으니, 티브이가 된다. 스스로 켜졌다가 채널을 저절로 돌려가며 노래도 부르고 춤도 추다가 갑자기 여자란 무엇인가라는 TV 토론을 한다.
 그러는 사이 자기도 모르게 잘 삭은 아카시아 향기, 파도 소리, 단풍잎, 함박눈을 퍼내고 거기에다가 여성학, 여성운동사, 페미니즘을 잔뜩 채워 넣고 새로 품은 마음으로 삭힌다. 온도가 맞지 않아서 그런지, 마음을 조절하지 못해서 그런지, 너무 익어서 그런지 삭지를 못하고 썩는다. 그럴수록 그녀는 자기만을 위한 침대가 되고, 자신만을 위한 베개가 된다. 강철로 짠

홑이불을 덮고 꿈을 꾼다. 꿈이 가열하여 불이 붙는다. 연기가 온 집안에 자욱하다.

　이웃 사람들이 대피하는 와중에 딱딱하게 굳어진 연기한테 밀려난 안개가 풀잎한테 가서 미주알고주알 떠들어댄다. 십진법에서 이진법으로 살아가는 그녀 이야기하느라 밤이 하얗게 타고 있다.

화살표

　남자 둘이 때 지난 해수욕장에 갔다가 벼슬 한철 해 먹고 물러나 있던 바닷물만 쳐다보았다. 온갖 사람들의 알몸을 접해본 탓인지 내 알몸을 비췻빛으로 들여다보고 있었다. 그 빛 따라 찾아든 계곡물 옆 자갈밭에 드러누웠다. 졸음 속으로 내려오던 산그늘에 젖어서 바라보는 곳에 물결마다 돌무늬마다 느낌표를 찍으며 그가 홀로 떠돌아다닌다. 지난밤 경포대 바닷가에 쌍쌍이 앉아 있던 사람들, 유월 어느 날 대부도 갯벌에 쌍쌍이 붙어있던 밤게들 사이를 두리번거리며 지나가고 있었던 것처럼, 그는 자갈밭에서 자기 짝을 열심히 찾고 있었다. 나는 수직으로 솟아오르는 나무를 따라 하늘로 솟아오르다가, 계곡물 소리 타고 수평으로 흐르다가 그것으로 십자가를 만들어 짊어지고 아리랑 고개 넘어가다가 잠이 들었다.
　얼마나 지났는지 아까 그 그림자들이 모두 사라졌다. 짙은 산 냄새에 빠져 눈을 뜨니 화살표로 분장한 한 무리의 새 떼가 산등성 위로 날아와서 원무를 춘다.

화살표 방향대로 오므라들었다가 벌어지다가, 좇아왔다가 좇아간다. 막 화살표로 부화한 그도 새들 틈에 끼어 원무를 춘다. 언제부터였는지 아리따운 색시 같은, 첫사랑의 흔적 같은 낮달이 노총각들 폼을 쳐다보며 빙긋이 웃는다.

나비

하나의 낱말이 시들어가도록
꽃이 피지 않는 세월 속에서
밤마다 황사가 일어난다
눈치 속으로 쌓이는 모래가루에
병이 깊어진다

함께 할수록 병이 깊어지는
사람들을 떠나
세월 밖으로 가서
약을 짓듯이 집을 짓다가
그만 무덤을 짓는다
새벽마다 무덤 속에 탑을 쌓는다

탑이 무덤보다 높아지자
연둣빛 비가 내린다
세월 속에서 꽃이 피자
무덤 속에서 날개가 돋는다

하나의 낱말로 환생하여
이 육사 시의 운율로 저항하며
이리저리 날아다니다가
예언가를 찾아가 길을 묻는다

추락사고

김포 구릉지에서 뻗어 나온 햇살을 밟고
아파트 9층으로 기어오른다.
하루 종일 유리창을 부풀리고 있던 적막이
아이들 외마디소리를 밀치고 한강 하구로
빠져나가 물결 위에 앉아서 반들거린다.

아이를 부르는 여자의 날카로운 목소리가
귤을 까먹고 있는 내 입속으로 쏙 들어갔다
입속에서 내 또래쯤 된 어머니의 목소리가
되어 동구 밖을 향해 튀어나왔다.
볼때기로 차오르는 발간 숨 몰아쉬며
산마루 위로 달려오는 풍경 한 알 따 먹는다.

목구멍으로 매끄럽게 넘어가는 풍경이
너저분한 하루를 덮어씌우며 내려앉는
그 앞쪽으로 비행기 한 대가 숨을 반짝이며
막 퇴근해서 돌아오는 앞 동 아가씨 뒤를

따라가다가 하늘이 수직으로 갈라지는 바람에
그만 1301호 안으로 추락한다.
건조대에 널려있던 침묵만 놀라서 떨어뜨린다.

집으로 돌아가던 새 한 마리가 내 심정으로
후다닥 날아들 뿐, 바람 한 줄기가
사고 현장에 줄을 치고 있을 뿐
햇빛은 숨이 넘어갈수록
전깃불을 더 모질게 번식해 낸다.
어딜 가도 나밖에 없는 내가 방으로 들어가자
나조차도 없는 내가 되어
바동거리다가 자정 너머로 추락한다.

톱니바퀴

나는 원이고 너는 삼각형이다
사람과 사람 사이에서 생긴 연장으로
밤을 지새우며 다듬어 논 곡선이
걸핏하면 그 꼭짓점에 파이고 파여
움푹움푹 상처투성이다

너는 오히려 자기가 둥글고
내가 모났다고 우기지만
제풀에 깨진 각도를 가지고
증거라며 몰아붙이지만
누군가는 파이고 누군가는 깎인다

피 흘리는 도형을 서로
부둥켜안고 우당탕퉁탕 굴러가는
그 생채기 틈바구니로
돌개바람이 헤집고 들어찬다

쓰디쓴 그 쓰라림이 두꺼워지면
강철이 되고 강철이 아물면
푸른빛이 되겠지 눈빛 웃음 던지며
깎아주고 파줄 수 있겠지
이가 딱 들어맞으면 그러면
지구인들 못 돌리려고

연어와 나비

출근길을 거슬러 올라가는
지하철 안에 노랑나비가 탔다
너무 한적해서 탄 것일까
연어들 고향에 가보고 싶었던 것일까
온몸으로 문명과 자연의 높이를
감당하면서 날아다닌다
화정역을 지나자 쏟아져 들어오는
들판으로 내닫다가 창문과 정면충돌한다
한 번 더 그리고 또 한 번 더
이를 어쩌지 그 순간 대곡역에서
바람이 와서 그를 데리고 날아간다
연어의 고향 한번 가보려다가
자연과 문명의 높이가 얼마나 심각했으면
뒤도 돌아보지 않고 날아가 버렸을까
나비가 혼쭐이 난 그 높이를
연어들이 저마다 걸머메고
알을 슬기 위해 하나둘 내린다

눈이 내리네

눈이 내리네
끈으로 엮어놓은 사람들 위에서
줄 끊어진 가오리연 하나
내리는 눈 속에서 하염없이 펄럭이네
허기인지 허무인지
하얀 눈에 가려져 보이지 않네
광막한 곳에 덩그렇게 떨어져
이십 대 후반을 다운로드해서
애처롭게 듣고 있네
하염없이 듣고 있네
지나간 시간이 따뜻한 미소를
소복소복 덮어 주네
소곤소곤 잠이 드네
결마다 하얗게 타오르는 꿈결 속에서
불러야만 하는 이름 부르고 불러도
하얀 눈만 내리네 소복소복
하얀 기억만 쌓이네

엉겅퀴

풀잎들이 귀 막아도
산새들이 웃어대도
한없이 끝없이 노래 부른다
아직도 뿌리 내리지 못한 꽃씨가
바람에 떠돌 때마다
가슴에서 자홍빛 자아내고
자아내며 노래 부른다
노랫소리 들녘 가득 차오르고
차올라 붉게 붉게 타오른다
불길에 마르고 마른 꽃잎이
꽃씨 찾아 길 떠난다
그 모습 하늘 한 귀퉁이에
함초롬히 머금어진다

5

독신자

언제나 있었는데
몰랐어
홀로 산책하고 있을 때도
마트에 가서 이것저것 살 때도
내가 외톨이라는 사실을 전혀
몰랐어
이리저리 떠돌다 돌아와서
네 앞에서 춤을 추면
열없어서 할머니 치맛자락 잡아당기던
유년의 나처럼 발라당 드러누워
그 동그란 눈을 앞발로 가리며
민망해서 어쩔 줄 몰라 하던 네가
거기에 없어야만 하는지 나는
몰랐어
내게 그렇게 붙어있으려고 발버둥 치던
네가 왜 내 곁에 없어야 하는지
내가 왜 외돌토리인지

고 백

그녀 따라 일몰 보러
서해로 갔습니다
낮은 언덕배기에 나란히 앉아
엷은 구름으로 아랫도리만 가린 해가
수평선을 서서히 끌어안고 있었습니다
숨 속으로 자꾸 차오르던 노을이
내 손끝에서 그녀의 어깨 위로
온몸을 붉게 적셔놓았습니다
기억에 나부끼는 파도를 바라보던
그녀는 석고상처럼 굳어지더니
이내 갈매기로 날아올라 노을 위에서
해가 빠진 수평선 이야기를
날갯짓으로 그려갔습니다
그 날갯짓에 내 몸속 깊은 구석에 고여있던
기름에 노을빛이 튀어 불이 붙었습니다
그녀는 과거는 유죄라고 선고하고
등 뒤의 어둠 속으로 사라져갔습니다

그녀가 사라진 그곳에서
파도를 향해 몰아치던 뭍바람이
네 속을 다 태우고 몸 밖으로 퍼져가던
불길을 잡아갔습니다
파도가 텅 빈 내 곁에 철썩 처얼썩
노을빛을 깎고 다듬어 그녀를
새로 빚어내고 있었습니다

해안초소

달빛 밝으며
발자국 하나 없는 모래펄을
거닐어 보았습니다
저기 해변을 가로질러
바다로 향해 있는 시커먼 산으로
보이지 않을 듯 보이는
상현달의 실루엣 속으로
걸어가고 있습니다
저 산속에는 반질반질하게 손때 먹은
도시가 청동빛으로 타고 있습니다
어두침침한 저곳이
내가 가야 할 미래입니까
분명한 것은 여기는 나를 떠밀어내고
저기는 나를 끌어당깁니다
미래로 가는 것 보다
현재를 두고 떠나는 것을 두려워하며
한발 두발 옮기는 내 발목을

"어데 가십니까?"
시커먼 손아귀가 덥석 잡아당겼습니다
"예?"
"이쪽으로 더 이상 가시면
사살됩니다."

제망매가

살아갈수록 쌓여가는 짐 더미
감당하기 바빠 잊어버렸던 고향 친구
꺼벙이가 찾아와서 술을 따라준다
조금 더 조금만 더 따르려다
뒷골 가을 집 향기가 울컥거린다
겨우내 얼어붙어 있던 기억들이
벼랑 끝에 서서 하늘 한 점 바라보고 있던
그의 누이동생한테로 녹아내려
한 줄기 폭포로 쏟아져 내린다

그녀는 한 마리 물고기가 되어
그 기억들을 한알 한알 따먹는다
그 모습 만지려고 잡으려고
손 뻗으면 그녀는 사랑은
천 마리의 새 떼로 하얗게 부서져서
천상으로 화르르르 날아간다

그녀의 관 뚜껑에 마지막 대못을
치고 난 내게 그때도 꺼벙이는
술을 철철 흘러넘치도록 따라주었다
텅 빈 지상에서 천상으로 날아가는
새 떼 바라보며 잔으로 다 받내지 못한
술을 폭포수에 받아서 마신다

원단 짜기
― 향가 「원왕생가」에 부쳐

나는 과거와 현재로 짠 옷을 입고 있다

나는 매일 같이 실을 짠다
사람을 만날 때마다
밥을 먹을 때마다
기억할 수 없는 생각에 잠겨 있을 때마다
실을 뽑아서 한올 한올 잇고 감아
한올 한올 풀어 천을 짠다
사십팔대원*에 따라 정성스럽게
물감을 들여서 옷감을 짠다
원단 그대로 색깔 그대로
낮에는 해가 바느질하고
밤에는 달이 다듬질하여
미래로 입고 갈 옷을 짓는다
패션디자이너가 지은 듯이 지어놓으면
서방정토에서 나를 받아 주겠지

석양에 붉게 드리워진 구름 속에서
음악 소리 들려오겠지

*) 아미타불이 전생에서 수행할 때 세운 48가지의 큰 서원.

어떤 이웃들

어느 연예인이 죽었다
"언니가 네 몫까지 살아줄게"
그 언니도 죽었다
무슨 세상이기에
도대체 어떻게 생겨 먹은 괴물이기에

바닷속에서 우글거리던 악마들이
인터넷 속으로 쳐들어와서
괴성을 질러댄다

어렵게 겨우겨우 버티며 살고 있는
양심과 정의와 도덕을
참혹하게 무차별적으로 짓밟으며
좋아서 히히덕거리는

악플러들이
이웃 사람들이

타고난 신분이 망나니들인
그들이 칼춤 추는 세상

랜선을 뽑아버리자
그들은 시치미 뚝 떼고
얌전한 옆집 아가씨로
친절한 길거리 아저씨로
학교에 가는 착한 학생으로
잽싸게 변신한다

오감도 속으로

진눈깨비에 젖은 대낮이
가로수 가지마다 축축 늘어진다
나침반 잃은 시간이
내 발길 사이를 거칠게 항해하여
오후 3시에 닻을 내린다
숨결이 내 외투 위에서
함박눈으로 변해 환하게 타오른다

지각할 수 없는 시간에 이끌려
「오감도」로 들어선다
현관에서 털어 낸 눈발이
숫자가 되어 한쪽 벽면에
뒤집힌 채로 차례차례
들어가 박힌다

나는 뚜벅뚜벅 거울 속으로 들어간다
내가 뒤집어지자 나의 진실이 나타난다

그 진실로 시간을 비춰보니
다리가 환하게 드러난다
눈이 쌓인 만큼 높아진 세상을 밟으며
밟은 만큼 밑으로 빠지며
걸어가는 걸음걸이에
두 손 모으는 오후 3시이다

설악산 신흥사에서

산은 그때 그 산인데
나는 그때 내가 아니네

고대의 분위기

소크라테스와 애기 나누던
한 소년에게 문득 떠오른
어떤 느낌이
나를 감염시킨다

나는 그 소년이 되어
아테네로 가서 살고 있다
낯선 거리가
너무 익숙해서 따분하다

생각나지 않는 여자

한 여자가 온다
나에게 대시한다

남녀가 유별하거늘
뒷걸음질 치다
그녀의 등에 엎어진다

내 심장 소리가
그녀 심장을 둥둥 치니까
사랑이 하늘로 두둥실
뭉게구름에 파묻힌다

기억에 불이 붙어
활활 타오르는 그 불덩이 속에서도
타지 않는

세 살 난 나를 업고
학교 운동장 모래밭에서
데이트하며 놀던
초등학교 1학년 그 춘양 여자는
사랑 안에 있는 사랑일까
사랑 밖에 있는 사랑일까

속 · 님의 침묵
- 조오현 추모시

거침없이 한여름을 가르며 흐르는 물줄기 저편
흐드러지게 피어 있는 개망초 무리를 골똘히 바라보고 있는데
"들어가서 공부해야지."
휴지를 줍고 있던 한 노승이 나무라신다.
별도의 나라, 산속 왕국, 이곳을 느끼기에 시간이 모자라 함께 간 친구와 땡땡이치고 있었는데, 담임 선생님한테 들킨 기분으로 강당으로 들어갔다.
강의실 밖에서는 풀잎의 기억들이 물빛의 흔적들이 바람의 리듬들이 이 왕국을 신비롭게 꾸미고 있었다.
'만해시인학교' 첫 회 때였다.

3회 때 스님과 친분이 있는 분을 따라 참가하였더니 반가워하는 기색이 만면에 열꽃처럼 피어올랐다.
툇마루에 걸터앉아 우리를 언제까지나 내려다보던 모습은 한 폭의 수묵화였다.

한번은 늘 함께 갔던 친구를 사정상 빼놓고 갔더니 여름 가기 전에 한 번 더 갔다 오자고 졸라서 2주 만에 다시 백담사를 찾았다.

지난번에 통제구역을 자유롭게 들락날락했던 기억 때문에 차를 몰고 들어갈 수 없겠냐고 했더니, 어디론가 통화하고 나서 바로 통과시켜 주었다.

아침 공양하고 나오는데 한 무리를 이끌고 나오시던 스님께서 쳐다보지도 않고 인사하는 나에게 "신도는 어디서 왔는고?" 하고 물으며 지나쳐가신다.

내가 누군지 뻔히 아시면서 왜 그러시지

'뭐라고 대답해야 하지' 하는 사이에 이미 저만치 가버리셨다.

"신흥사에 계시던 분이 불시에, 그것도 이른 아침에 이렇게 들이닥친 적은 한 번도 없었어요."

일하는 분이 흥분해서 말하시는 걸 보고 나는 생각했다.

'니가 왔다기에 한번 와봤다.'

우리는 무료로 사용할 수 있다고 하는 호텔 같은 것이 들어선다고 하더니만, 어느 틈에 '만해마을'이 완공되어 첫 행사가 치러지고 있었다.

일하다가 지나가시는 동네 노인분이 나를 보고 손을 번쩍 들어 아는 체하신다. 누구신지 몰라 인사를 바로 받지 않으니까 민망하셨든지 고개를 돌리고 따르던 분들과 함께 지나가신다.

스님이셨다.

'집 짓고 나면 십 년 늙는다'라고 하는 말이 있더니만, 얼마나 고생하셨으면 1년 만에 저리도 바싹 늙으셨단 말인가!

안 하겠다. 안 하겠다. 그렇게 거부하셨다고 들었는데 어느 순간 하겠다고 하신 것은, 그 고생을 무릅쓰기로 하신 것은 스님의 숭고한 정신 때문이었다고 생각하니 지금도 가슴이 절로 아릿해져 온다.

어느 때부터였는지 스님과 나 사이에는 강이 하나 흐르고 있었다. 붉은강이었다.

스님께로 가고자 하는 나를 가로막으며 흐르고 있었다.

어느 정월 대보름, 그래서 나는 세배도 못 드리고 세뱃돈도 못 받고 처량한 신세였는데

"모두 대명콘도에서 차 한잔하고 가자" 하셔서 다들 콘도 커피숍에 모였는데 그러고 나서 기어코 우리 보고 "먼저 가라"시며 배웅까지 나오셔서는 내게 세뱃돈을 건네주셨다.

"세배도 안 하고…." 하시면서 세 장을 주셨는데 두 장이 그만 붉은 강물에 떠내려가고 말았다.

붉은 강이 아무리 거세게 흐른들 스님의 마음은 내 혈관 속으로 백담계곡 그 물줄기처럼 흐르고 있었다.

"그러시면 전 하지 않겠습니다. 더 크고 잘하는데 맡기십시오"

"큰일 날 소리!"

'아! 스님이 시키신 거로구나!'

먹먹해지는 내 가슴을 백담사에서 처음 봤던 그 푸른 물빛이 환하게 비추고 있었다.

원고가 넘어오시 않아 막판에 윙창 만들 수밖에 없었는데, '스님과 함께하는 일이다.' 생각하며 힘을 쏟아부었다.

언젠가는 초등학생이 자기한테 보낸 편지 얘기하시는 걸 들어보니 나보고 하는 얘기였다.

'야! 이놈아, 니도 나한테 편지 좀 하거라.'

그렇지 않아도 '편지를 써야겠다. 써야겠다.' 수도 없이 생각했지만, 시작부터 끝까지 생각으로는 이미 다 써놓았는데도 그러하지 못했다.

이상한 눈으로 보는 사람은 없을까. 혹시 무슨 파문이 일지나 않을까 조심스러웠다.

시간이 좀 걸리더라도 스님께 바칠 시집 한 권 만들어 찾아뵈면 명분이 생기겠지 싶었다.

만날 때마다 "죽어야지!" 하셔서 "안 됩니다. 안 됩니다." 하였더니

'에고 그럼, 니 시집 나올 때까지 한번 기다려 보자꾸나.'라고 하시는 것 같았다.

언젠가는 붉은강이 범람하여 세 차례나 스님 행사에 참석하지 못하였다.

"그동안 왜 안 왔느냐?"

부드럽게 그렇게 말 한마디 던져놓고는 내가 머뭇

거리자 휙 지나쳐 가신다.

　주차장에서 두리번거리며 나를 찾아보던 스님과 눈이 마주치면 '니가 온 걸 봤으니 됐구나.' 하시는 것 같았는데 아무리 찾아봐도 없고 없고 하니 속이 많이 타신 것 같았다.

　'이유를 알고 싶은 게 아니라, 내가 얼마나 기다리고 있었는지 알라라는 말이다.'

　그 포근한 표정으로 그렇게 속삭이시는 것 같았다.

　'경의선문학'을 내야 할 시간이 한참이나 지났는데도 이런저런 사정 때문에 많이 늦어졌는데 잡지협회에서

　"이번 호 납본 왜 안 하느냐?"라고 독촉하였다.

　아직 발간도 하지 않은 책을……!

　스님께서 독촉하신 것이 틀림없겠구나 싶었다.

　'하! 좀 잘 만들걸~!'

　다가오는 스님의 승복이 살랑거리는 바람에 팔랑거렸다.

　"이름이 뭐고?"

　내 이름을 모를 리 없는데 어쩐 일이시지!

'새삼스럽게 내가 왜, 네 이름을 물어보겠느냐?'
그렇게 말씀하시는 것 같은 스님의 표정은 활짝 핀 연꽃이었다.
넌지시 알려주시던 그 유산
정리 다 해 놓았다는 말씀이었다.

오래도록 무료하게 지내고 있다가
숲으로 둘러싸인 전원에서 그것도 반가운 친구들을 만나 맥주 한 잔, 지글지글 노릇노릇 잘 익은 고기 한 점 취나물에 싸서 먹고 있던
그지없이 즐겁고 행복한 그때 전화가 왔다.
"아! 예, 안녕하세요?"
"뭐~! 뭣이라고요?"
하늘에 금이 간다.
뿌지직거리던 서쪽 하늘이 무너져 내리면서 날아오는 파편과 먼지 같은 공허가 그곳을 통째로 휩쓸어 버렸다.

이 엄청난 현장에서 혼자서 무료하게 지내고 있었더라면
나는 어쩔 뻔했을까.

나를 잡아주던 친구들이, 즐겁고 행복한 시간이 아니었다면 흔적도 없이 사라졌을 것이다.
운전할 걸 고려해서 맥주 딱 한 모금 마신 그 시점까지…….
죽음까지도 이렇게 나를 배려하시다니…….
수없이 많은 사람에게도 다 그러하셨겠지만, 그동안 마음을 어떻게 쓰시며 살아오셨는지
그 모습이 최고의 작가가 최고의 조도 속에서 찍은 아름다운 사진 같이 뇌리에 펼쳐졌다.

"흐응!"
차 몰 때도 밥 먹을 때도 격정적으로 세상을 따지고 드는 순간순간에도
스님 생각에 가슴 먹먹해지곤 했는데
이제는 그 생각이 소리로 변해 고속도로 달릴 때도
꽉꽉 막히는 강변북로 지날 때도
"흐으응!"
잠들기 전에도 잠자리에서 일어나면서도
"흐으으으!"
생각을 쥐어짤 때마다 눈물이 동해인지 태평양인지 가리기 힘들 정도로 쏟아졌다.

흐느낌으로 눈물로 하나하나 조각되고 있는 스님의 형상은 신의 사랑이었다.

이런 '말 같지도 않은 세상'에서 평온하게 지낼 수 있었던 건 다 스님이 계셨기 때문인데
아! 이젠 어떡하지. 어쩌면 좋지.
'이 틈을 노려 저 맑고 푸른 백담계곡으로 붉은 강이 쳐들어오면 어쩐다지.'

천방지축 기고만장
허장성세로 살다 보니
온몸에 털이 나고
이마에 뿔이 돋는구나

억!

'하! 그랬군요. 그래서……'
불치병 치료제 개발하듯이 그렇게도 생각하고 생각하시더니
드디어 인간을 완벽하게 규명하셨다.
'인간은 짐승이다.'

스님은 인간이 선악과를 따먹으면 뿔이 나고 털이 난다는 사실을 끝내 발견하셨다. 그런 짐승들이 투표질하고 정치질하며 이 세상을 휩쓸고 돌아다니는 걸 보고 얼마나 놀랐으면 '억!' 하고 소리 질렀을까?
스님은 결국 그렇게 놀라시면서 열반에 드셨다.

짐승이면서 짐승이 아니라고 우기는 자들은 스님의 깨달음을 부정하는 자들이자 중환자들이다. 인간병원이 아니라 동물병원에 가서 수의사한테 수술받으면 정상적인 짐승으로 돌아갈 수 있을 것이다.

짐승을 인간으로, 물질을 정신으로 회개시키기 위해 스님은 오셨고 사셨고 가셨다.
이제 물질의 시대 짐승의 시대가 가고
정신의 시대 인간의 시대가 열리겠지
인류 새역사가 창대하게 펼쳐지겠지

백담왕국 그 풀잎의 기억들과 물빛의 흔적들과 바람의 리듬들로 만들어진
스님의 '마음 하나'가 석불이 되어 내 앞에 우두커니 선다.

나는 신의 사랑 안에서
스님을 사랑한다.

■ 발문

마른 논에 물을 대다

김 유 선

　고등학교 1학년 초에 어떤 선배가 찾아와서 안동시 학생 시동인 '맥향'에 가입하라고 하였다. 시를 발표할 때마다 고료도 준다고 하였다. 나는 거절하였다. 네 번이나 거절하였다. 왜 그랬었는지 지금도 뚜렷하지 않지만, 소극적인 성향 때문만은 아닌 듯하였다. 신께서 바라던 바가 아니었기 때문인 듯하였다.
　그때부터 활동했더라면 시에 대한 안목도 깊이도 그렇겠지만, 문단에 일찌감치 나와서 활발하게 활동하지 않았을까. 그런데 내가 살아온 나의 삶에 비춰보았을 때 신께선 그런 것을 탐탁하게 여기지 않으신 모양이었다. 신께서 직접 막고 나선 것은 아니었을까 싶다.

중학교 3학년 1학기 초에 김진 선생님께서 보자고 해서 교무실로 찾아갔더니 대뜸 "시 지어서 무슨 무슨 상 받아 보았느냐?"라고 물어보셨다.

"상 같은 거 받은 적 없는데요."

"그럼 지은 시는 몇 편이나 되느냐?"

"선생님께서 숙제로 내 주신 그 두 편이 단데요."

이런저런 얘기를 해주시면서 늘 메모지와 볼펜을 갖고 다니다가 떠오르는 시상이 있으면 그때그때 적어놓으라고 하시면서 다음 주까지 시 한 편 지어오라고 하셨다.

일주일 중에서 엿새 동안 제목을 생각해 내는 데 허비하였다. 그래서 생각해 낸 제목이 '산길'이었다. 마지막 날 저녁 무렵에 시작해서 다 짓지 못한 채 학교에 가서 정리하고 있는데 벌써 원고 받으러 왔기에 대충 마무리해서 전해주었다.

교무실로 들어가는 구름다리 전면에 예쁜 손 글씨로 쓴 내 시가 액자에 걸려있었다. 그것이 나의 등단이고 데뷔작이었다. 김진 선생님께서 나를 시인으로 데뷔시켜 주신 분이다.

2학년 여름방학 때 시 짓는 숙제가 있어서 「원두막」이라는 시를 지어냈는데 가을에 또 숙제를 내셨다. 「코스모스」를 지어서 제출하였더니 내 시와 함께 여섯 편을 뽑아서 교실 게시판에 붙여놓으셨다. 그러시면서 모두 다 떼가서 다시 써서 붙여놓으라고 하셨다. 영문도 모른 채 좀 다듬어서 붙여놓았더니 수업 시간에 들어오시자마자 뒤로 쪼르륵 가시더니만 내 시만 원고지를 홀짝홀짝 넘기시면서 읽으셨다. 네 번이나 다시 떼 가서 다시 붙여놓았다. 그때마다 뒤로 총총히 가셔서 내 시만 홀짝홀짝 읽으셨다.

「원두막」이 괜찮은 것 같으니까 진짜로 괜찮게 쓰는 아이인지 알아보기 위해 순전히 나 하나 떠보기 위해 숙제를 다시 낸 듯하였다. 정진규 선생님도 그러셨다. 나를 하나하나 뜯어보고 맞춰보았다.

김진 선생님 아니었으면 시 한 편이라도 지으며 살 수 있었을까. 내 인생의 전반은 거의 김진 선생님으로 하여 결정되었다. 시를 지으며 산다는 건 마른 논에 물을 대는 일이었다. 나는 김진 선생님으로 하여금 언제든지 모심기할 수 있는 사람이 되어있었다.

시를 짓고 있을 때가 다른 어떤 일을 하고 있을 때보다 더 만족스럽고 행복하였다. 하지만 나는 그 일을 굳이 추구하지 않았다. 오히려 달아나고 있었다. 그것은 '맥향' 동인을 거절하였던 심리와 일맥상통하였다. 자의 반 타의 반, 내 생각 반 신의 생각 반인 듯하였다.

그렇긴 해도 다른 사람들보다 시 쓰는 사람들과 어울리며 지낸다는 것이 무척 좋아서 그들이 있는 곳이라면 어디든지 찾아다녔다. 주로 시 창작 교실을 꾸준히 찾아다녔다. 시를 지으려고 하는 사람들을 만나는 것도 좋았자만, 그래야 시 한 편이라도 지을 수 있어서였다. 주로 두 시간 이내 시 한 편 지어 프린트해서 가지고 가긴 했어도 어떤 선생은 뭔 말인지 잘 모르겠다고 하였지만, 어떤 선생은 찬탄을 아끼지 않으신 분도 계셨다.

젊은 날에는 시도 지으며 해변시인학교, 만해시인학교 같은 데도 다니면서 시동인 활동도 활발하게 하였다. 시를 지으며 사는 사람들은 다 가족과도 같이 느껴졌다. 나도 그들을 좋아하고 그들도 나를 좋아하였다. 그래서 내가 직접 시동인을 몇 개 만들기도 하였다. 시 합평회를 한답시고 콘도나 아름답고 멋진 곳을 찾아다니며 지낼 수 있었던 건 축복과 비견될 수도 있을 만하였다.

하지만 내가 만들어 놓고 내가 빠져나오거나 해체하기도 하였다. 성미가 좀 괴팍스러운 데가 있기도 하지만, 어딜 가나 문제가 있는 사람들이 있었다. 굴러온 돌이 박힌 돌을 뺐다고 말하는 사람도 있었지만, 얼마 가지 않아 무너져 내린 걸 보면 박힌 돌이 아니라 주춧돌인 듯하였다. 처음과 다르게 시간이 지나다 보니 헤게모니니, 권력이니 하는 치졸한 본색을 여지없이 드러낸 자들이 나타났다. 그 좋은 시간을 그런 자들과 단 한 순간이라도 함께 한다는 것은 내가 모멸스러울 지경이었다. 시동인을 통해 시보다 인간을 공부할 수 있었던 소중한 기회였다. 싸움 날까 봐 처음부터 합평회를 단 한 차례도 하지 않은 시동인도 있었다.

내 마음은 돌처럼 딱딱하게 굳어져 갔다. 돌이 사람을 만나고 싶어 할까. 돌이 시를 짓고 싶어 할까. 나는 나의 그

돌의 시대로 인해 시집 낼 생각을 하지 못하였다. 그런데 신께서 나를 독려하여 주셨다. 죽기 전에 시집 한 권은 내겠다고 생각하고는 있었지만, 차일피일 미적거리다가 끝내 시집 구경 한번 못하고 인생 끝내지 않았을까 싶다. 그런데 졸지에 이렇게 시집 구경할 수 있게 된 것은 오로지 신께서 베풀어주신 은총이었다. 게다가 소설 두 권까지, 고생하지 않은 건 아니지만, 복이 넝쿨째로 굴러떨어진 기분이다.

어찌하였거나 나는 이 시집으로 나에 대한 의지와 신에 대한 소임을 한꺼번에 다 이루어내게 되었다.

아직 완성도가 많이 떨어지는 시들이지만, 완성도 보다 출간에 더 큰 의미와 초점을 맞추어 진행하였다. 최선의 시집은 아니지만, 이것은 시를 지으며 살고자 마음먹은 이래 최고의 성과이다.

'드디어! 나도 시집 한 권 냈다.'

김진 선생님을 저에게 보내주신 신께 감사한 마음이 금치 못할 정도로 무한해서일까, 비가 금치 못할 정도로 퍼부어대는 한여름날 아침이다.

김유선 시집
사랑 안에 사랑이 있다

초판발행 2025년 8월 22일

지 은 이 김유선
펴 낸 곳 시지시

등 록 제2002-8호(2002.2.22)
주 소 ⓤ10364
  경기도 고양시 일산동구 호수로 688. A동 419호
전 화 050-555-22222 / 070-7653-5222
팩 스 (031)812-5121
이 메 일 sijis@naver.com

값 12,000원

ⓒ 김유선, 2025

ISBN 978-89-91029-85-9 03810

* 이 책의 내용을 전부나 일부 재사용하려면
  저작권자와 시지시 양측과 협의하여 주시기 바랍니다.
* 저자와의 협의에 의하여 인지를 생략합니다.
* 파본은 구매 서점에서 교환하여 드립니다.